कविताएँ

मैं जब तक आई बाहर

लेखक की कृतियाँ

कविता-संग्रह

एक दिन लौटेगी लड़की (1989)
अँधेरे में बुद्ध (1996)
यह आकांक्षा समय नहीं (1998)
थपक थपक दिल थपक थपक (2003)
मैं जब तक आई बाहर (2018)
प्रतिनिधि कविताएँ (2023)

यात्रा-वृत्तान्त

अवाक् (2008)

स्मृति-आख्यान

दिल्ली में उनींदे (2000)
इत्यादि (2019)

साहित्यिक निबन्ध

देह की मुँडेर पर तथा अन्य निबन्ध (2019)

अनुवाद-सम्पादन

जंगल में झील जागती : हरिभजन सिंह की प्रतिनिधि कविताएँ (1989)
देवदूत की बजाय कुछ भी : ज़्बीग्निएव हेबैर्त की कविताएँ (2022)
तेजस्विनी : अक्का महादेवी के वचन (2023)

मैं जब तक आई बाहर

गगन गिल

राजकमल पेपरबैक्स

पहला वाणी प्रकाशन संस्करण 2018 में प्रकाशित

राजकमल पेपरबैक्स में
पहला संस्करण : जुलाई, 2024
दूसरा संस्करण : दिसम्बर, 2024

राजकमल पेपरबैक्स : उत्कृष्ट साहित्य के जनसुलभ संस्करण

राजकमल प्रकाशन प्रा. लि.
1-बी, नेताजी सुभाष मार्ग, दरियागंज
नई दिल्ली-110 002
द्वारा प्रकाशित

शाखाएँ : अशोक राजपथ, साइंस कॉलेज के सामने, पटना-800 006
पहली मंजिल, दरबारी बिल्डिंग, महात्मा गांधी मार्ग, प्रयागराज-211 001
1, अनमोल सोराबजी सन्तुक लेन, मरीन लाइंस, मुम्बई-400002

वेबसाइट : www.rajkamalprakashan.com
ई-मेल : info@rajkamalprakashan.com

विकास कंप्यूटर एंड प्रिंटर्स
ट्रॉनिका सिटी-201 102
द्वारा मुद्रित

मूल्य : ₹299

MAIN JAB TAK AAYI BAHAR
Poems by Gagan Gill

ISBN : 978-93-6086-263-3

उसी ने मूक किया था
दी उसी ने वाणी...

एक चुम्बन तुम्हारी आँखों पर
माँ!

क्रम

कौन रख गया है तुम्हें यहाँ

स्वप्न के बाहर

तुम सूई में से निकलती हो

तुम सूई में से निकलती हो

तुम सूई में से निकलती हो
मैं धागे में से, माँ

कभी सूई में से मैं
धागे में से तुम

कौन-सी बखिया, माँ
हम सिले जा रहीं
सदियों से

कौन-सा यह टाँका
पूरा होने में नहीं आता

कब उतरेंगे सितारे
मैली अपनी चादर पर

खिलेगा कोई फूल
अपनी इस फुलकारी पर

कब ओढ़ेंगी हम
चाँद और पंछी

खेलेंगी कब
लुकन-छिपाई

बीत गए दिन, माँ
बीत गए बरस सब

न ख़त्म होने को ये तुरपाई, माँ
न धागा
न कहीं छोर इस चादर का

इतनी लम्बी ये सूई
कभी उँगली में तुम्हारी
कभी नाख़ून में मेरे

छेद में से तुम निकलती हो
जैसे ईश्वर के द्वार से

तुम्हारे पीछे-पीछे मैं
तुम्हारा चिथड़ा

कुछ देर बुझ जाऊँ, माँ

कुछ देर बुझ जाऊँ, माँ?
फिर साफ़ दिखे
रात और चाँद

साफ़ दिखें
तारे आसमान में
आकाश-गंगाएँ
जाती हुई माँएँ

किसी ओट हो जाऊँ
कुछ देर, माँ?

थम जाए भीतर
दरकती हुई धरती

चल पड़े रुका
आकाश में पंछी

जान ले शिशु
बैठा बीच सड़क
यह भूख है, यह दुनिया

यह थन
यह मरी हुई माँ

कुछ देर सरक जाऊँ
अँधेरे में
बड़ी हो लूँ थोड़ा
भट्ठ के भीतर?

कोशिश कर देखूँ
बन जाए कहीं जो
मज़बूत एक गागर?

रख लूँ एक बात
बिना छलकाए
अपने भीतर
न कही तुमने जो कभी
न मैंने

देख लूँ
पार होती है कि नहीं
तिड़कन यह
गहरी खड्ड जैसी

कुछ देर बुझ जाऊँ, माँ?

एक पल में होना था

अचानक ख़त्म हो गए सब काम
रुकी रह गई
हवा में साँस

न कहीं जाने को जगह
न पहुँचने को

न बची चिन्ता
न कोई
प्रार्थना

पहले अन्न हुआ अस्वीकार
फिर फल
दूध सब

कम हुए घंटे
घट और पल
लँगड़ी हुई घड़ी
फिर लूली

काला हुआ चाँद
खिड़की के बाहर

वनस्पतियाँ काली
दिन काला

डोर काट अकेली
उड़ीं तुम गगन में

डूबी एक किश्ती
गड़गड़ सीने में

उजली तुम्हारी साँस
आख़िर तक
दलदल में

होंठों पर आख़िर तक
नाम प्रार्थना का

आकाश से
बरसा एक कोड़ा

मैं डरी
हम डरे

जा दुबके भीतर
तुम्हारे मृत गर्भ में

एक पल में होना था
एक पल में हुआ

अन्य यह संसार

दूध की नदी तुम

स्वप्न में बह आई है
तुम्हारी मीठी गन्ध

कुछ ऐसे कि भूख-प्यास से
खुल गई है मेरी आँख

दूध की नदी तुम
तब भी
अब भी

इसी तरह दूर
तब भी
अब भी

मैंने नहीं पिया, माँ
अपने हिस्से का दूध
न पिया कभी छोटी ने
मेरे हिस्से का

इस रात से पहले
क्यों नहीं कभी सोचा
कभी पूछा

कौन सुखा गया था, माँ
मेरे हिस्से का दूध?

शिशु वह

मालूम नहीं मेरा मुँह
उस बच्चे जैसा
था कि नहीं
जिसे तुम देखती थीं सपने में

हड्डियाँ कमज़ोर थीं
गोद लेने में ही
निकल जाता था जोड़
रबड़ की गुड़िया का

नाक मोटी थी
रंग गेहुँआ
गोरा न था तुम्हारी तरह

बार-बार
चढ़ता था बुख़ार
उठकर आधी रात
देनी पड़ती थी ख़ुराक

फिर हुआ पोलियो
सूख गई एक टाँग
कैसे करेगी सागर पार
लँगड़ी एक टाँग

जाती रहीं तुम चलकर
कश्मीर की बर्फ़ में
चालीस दिन
पीर की मज़ार

दुआ माँगते वक़्त, माँ
मन में आता तो होगा
क्या पता न बचूँ तो
वही सब ठीक हो

पिटकर लौटती
स्कूल से एक बच्ची
होशियार
मगर उचाट

किताबों में खेलती
अनदिख परियों के संग

अचानक बीच खेल से लौटती
कि उदास न हो गई हो तुम

देखती थी वह आकाश से
बादलों की ओट
छिप-छिप तुम्हें

कब करोगी तुम ब्याह
गिरेगी कब वह
तुम्हारी गोद में
छप्प

कैसे शरमाओगी तब
जैसे अभी तक कुँआरी हो

जिसे भीतर हिलते देख
घबरा गई थीं तुम
अकेली उस दोपहर

तेज़ी से बढ़ता एक बीज
तेज़ी से बनती एक आँख
नन्हा धड़कता दिल एक

चिड़िया जैसा पंजा एक
तुम्हें छूता हुआ
धीमे से
पेट के भीतर में से

मालूम नहीं
शिशु वह
तुम्हें चाहिए था कि नहीं
माँ!

जो भी था

जो भी था
जितना भी था
संसार सब
तुम्हारी आँखों में था

पहले चिड़िया उड़ी
फिर काग

फिर आए सरपट घोड़े
मेरी हथेली पर
दौड़ते बग़ल तक
गुदगुद गुदगुद

वहीं उन्हें देखा
अनदिख
पहली बार
हवा में

वही था संसार सब

न गड्ढे दिखे
न खाई, माँ
न राक्षस
न चुड़ैल

तुमने कहा, सूरज
मैंने माना, सूरज
तुमने कहा, चाँद
मैंने देखा, चाँद

जो भी कहीं था
तुम्हारे शब्द से था
जो भी कहीं था
तुम्हारी उँगली पर टिका था

पृथ्वी के समस्त फूल
पक्षी, चींटियाँ
सब टिके थे तुम्हारी उँगली पर

तुम्हारे शब्दों के बाहर
कहीं कुछ न था

इसी में क्यों झड़ना था, माँ
हमें किसी सूने काले दिन

लौटना था वापस
आकाश में
मिट्टी में

जाना था अकेले-अकेले
नदी के जल
मछलियों की कुतरन में

संसार
जिसके बारे में
चेताते रहे धर्मग्रन्थ

जिसे हमें छोड़ना था
एक दिन

बना था वह
पाँच भूतों से नहीं
तुम्हारे शब्द से केवल

ढह गया
उसी में, माँ

वे सब वसु थे*

वे सब वसु थे, माँ
मरने आए थे
तुम्हारी गोद में

मुक्ति पाने
जल्द-से-जल्द

तुम घबरा गईं

समझ नहीं पाईं
उन्हें सिराना है
कि छिपाना

न तुम लोप हो पाईं
न दृष्ट

---

* महाभारत-कथा के आठ वसु, जो शापमुक्त होने माँ गंगा की गोद में आए थे। उनमें से सात को गंगा ने बहा दिया, आठवें भीष्म बच गए, लम्बा शाप भुगतने को। फिर अन्त समय शर-शैया पर लेटे उन्होंने मृत्यु की लम्बी प्रतीक्षा की, सूर्य उत्तरायण होने तक।

न जल में जा पाईं
न आकाश में
कथा एक पुरातन
हो गई सब अस्त-व्यस्त

अभिशाप चिपका था
उनकी नन्ही देहों से
धुलने में न आता था
पूर्वजन्म का उपहास

बैठे रहे वे
घेरे तुम्हारी गोद

देखते रहे सब्र से
कब गिरेगा आख़िरी रेत कण
घड़ी की तह में

जल ने किया उन्हें बड़ा
आँधियों ने की
उन पर दया

चिड़ियाँ चुगा गईं
अपने दाने

शेरों ने सिखाया
कैसे करना है बचाव
आदमी से अपना

न वे सनाथ थे, माँ
न अनाथ
तुम्हारे थे वसु बस

धीरे-धीरे बढ़ा, माँ
आकाश में सूरज
शैया पर हर क्षण था
पीड़ा में लथपथ

कहीं न था
उनका उत्तरायण

कि हुई तभी एक दुर्घटना

हुईं तुम दृष्ट
अचानक
मृत्यु शैया पर

फिर सिराया तुम्हें
मिलकर उन सबने
जैसे सिराया हो अपने को

तोड़े अपने बीज
ख़ुद अपने फलों में से

आख़िर तक उड़े माँ
तुम्हारे संग
जल में
आकाश में

तुम्हारे थे वसु सब
मरने आए थे
बहुत पहले

तुम्हारी गोद में

ये जो जल मैं पीती हूँ

ये जो जल

ये जो जल
मैं पीती हूँ
हवा जो खाती हूँ
धूप जो सेंकती हूँ

न ये जल है
न हवा
न धूप

ये जो रंग मैं देखती हूँ
फूल में
लाल पर सफ़ेद
पंखुड़ी में घूमता

कभी वृत्त
कभी रेखा में

न ये लाल है
न सफ़ेद

न फूल
न पंखुड़ी
न वृत्त
न रेखा

ये जो
खेलते हो तुम
इस दिल से

कभी उँगलियाँ डुबोये
मेरे रक्त में
कभी उछालते
इसकी गेंद
ऊपर हवा में

कभी ये दिल
तुम्हारे हाथों में
कभी पैरों में

कभी ये मिट्टी में ठप्प
टकराये कभी
लोहे के जाल में
जा फँसे कभी
काँटे के झाड़ में

न ये दिल है
न गेंद

न ये लोंदा किसी मांस का
न गुच्छा किसी प्रकाश का
ये जो बैठी हूँ मैं
इस क्षण यहाँ

नन्ही-सी ओस
चुँधियाई हुई सूर्य से

न मैं ओस हूँ
न भाप

अभी
बिलकुल अभी
कोई ले जाएगा मुझे
तुम्हारे बादलों के पार

थोड़ी दूर

थोड़ी दूर
उन्हें जाने दो
अँधेरे में
ईश्वर

पर्वत
देवताओं तक

प्रार्थनाएँ
आकाश तक

बूँद
सोये घोंघे तक

थोड़ी दूर
उन्हें आने दो
अँधेरे में

डूबे हुओं को
तट तक

बोझ को
सीने तक

साँस को
मस्तक तक

बहने दो
घाव से सबके
मैलापन

देखने दो पुरखों को
धुँधली आँख
अपने वंशज
क्षण-भर

बस क्षण-भर
स्थिर करो
सृष्टि सब

अँधेरे में
ईश्वर

अंडे से निकलूँ बाहर

अंडे से निकलूँ बाहर
कि निकलूँ घोंसले से?

घोंसले से निकलूँ बाहर
कि अपने पंखों में से?

पंख से निकलूँ बाहर
कि निकलूँ उड़ान में से?

उड़ान से निकलूँ बाहर
कि निकलूँ आकाश में से?

आकाश से टपकूँ बाहर
कि अपनी थकान में से?

थकान से टपकूँ बाहर
कि अपनी देही में से?

देही से टपकूँ बाहर
कि अपनी धकधक में से?

धकधक से टपकूँ बाहर
कि अपनी साँसत में से?

झेलनी न हो गर साँसत
तो अंडा तोड़ूँ क्योंकर!

अंडे से निकलूँ न बाहर
न निकलूँ घोंसले से!

धीरे-धीरे दृश्य से

धीरे-धीरे दृश्य से
ओझल होता है
आदमी

पता भी नहीं चलता
कब दिन हुआ छोटा
लम्बी हुई रात

फैल गई कब
मिट्टी में जड़
लिपट गई
नागिन एक उससे

चला गया कब एक आदमी
हवा में टँगी रस्सी पर
बाँस से चढ़ ऊपर

फिर वही
बैठ गया उतरकर
ख़ाली दीर्घा में

इस खेल में उसकी
असल है छाया
कि काया
कुछ पता नहीं चलता

कभी हँसी, कभी रुदन
कभी झगड़े, कभी बहस
शुरू से अन्त तक
एक ही संवाद

झोल नहीं कहीं भी

एक आदमी जाता हुआ रस्सी पर
इधर-से-उधर
अपने एकान्त में

पता भी नहीं चलता

पीली पड़ गई कब
पत्ती एक

हँस पड़ा दूर कब
अँधेरे में फूल

चीख़ पड़ी चिड़िया
कब अपनी नींद में

अचानक नहीं बदलता कोई दृश्य

धीरे-धीरे होता है अदृश्य सब
दर्शक
अभिनेता
कथानक

पता भी नहीं चलता
कब चला गया एक आदमी
दूर
हर पुकार से

यही घूँट काफ़ी है

उतरती जाती है
बूँद सीढ़ियाँ
अँधेरी गली में

जाने कहाँ से चली यह
किस समुन्दर
किस कुएँ से

कभी बादल में गई होगी
कभी पेड़ की जड़ में

कभी आँख में अटकी होगी
कभी प्रार्थना की अँजुली में

रोक दिया होगा इसने कभी
खाँसते मरीज़ की
साँस का रास्ता

अब यह उतरती जाती है
इस कंठ की
सीलन में

यही घूँट काफ़ी है
अभी ख़त्म नहीं हुआ
इसका सफ़र

अभी इसे जाना है
इस देह के रक्त में
सींचना है
इसका अन्तहीन खार

फैलना है बनकर
अँधेरे में ज़ीवन

कभी बनना है भाप
इसके छोटे से दुख की

कभी अटकना है
किसी दरार में
भर्राकर

यह देह भी नहीं
इसका अन्तिम ठौर

इसके बाद
कोई और मिट्टी

कोई और सूरज
कोई और धमनी

न यह इसका अन्त
न शुरू

यही घूँट काफ़ी है

कोई रख रहा है पटरियाँ

कोई बना रहा है तुम्हारी प्रतिमा
खींच रहा है रेखाएँ
पीड़ा की
तुम्हारे मांस में

थपथपा रहा है
गीली मिट्टी
तुम्हारे चेहरे पर

पटरियाँ वे अदृश्य
इन्हीं पर चलना है
जीवन-भर तुम्हें

मत करो गीला
इस मिट्टी को
रोज़-रोज़ लौटते
किसी बादल से

कोई उकेर रहा है तुम्हारी हड्डी
लिख रहा है अपनी लिपि
तुम्हारे माथे पर

दर्ज कर रहा है
तुम्हारा खाता
सफ़ेद स्याह

बार-बार उछलो मत
वेदन से

हथौड़ी लग गई जो
उसकी उँगली पर?

सुखा रहा है
तुम्हारी मिट्टी कोई
अन्दर से बाहर तक
धूप में
छाया में

सिर्फ़ उसी को पता है
कितनी गर्म होनी चाहिए
तुम्हारी भट्ठी

कितना वह तपाए तुम्हें
कितने समय तक
कि बर्तन से तुम्हारे फिर
न भाप रिसे
न जल

एक दिन
वह लिपि
निकलेगी
राख में से बाहर

अनजान कोई हाथ
समेटेगा तुम्हारी अस्थियाँ
देखेगा
वह लिखावट

मछलियाँ कुतरेंगी तुम्हें
सूरज चमकेगा
जल के ऊपर

अभी तुम
न ऊपर
न नीचे

सिहरो मत

करने दो उसे
अपना काम

देखने दो
मूरत कोई
अब भी
बनी कि नहीं

गुज़र जाने दो
मुख पर से अपने
काल का घोड़ा

हिलो मत

कोई रख रहा है
रेल की पटरियाँ
तुम्हारे चेहरे पर

दिन के दुख अलग थे

दिन के दुख अलग थे
रात के अलग

दिन में उन्हें
छिपाना पड़ता था
रात में उनसे छिपना

बाढ़ की तरह
अचानक आ जाते वे
पूनम हो या अमावस

उसके बाद सिर्फ़
एक ढेर कूड़े का
किनारे पर
अनलिखी मैली पर्ची
देहरी पर

उसी से पता चलता
आज आए थे वे

ख़ुशी होती
बच गए बाल-बाल आज

रातों के दुख मगर
अलग थे
बचना उनसे आसान न था

उन्हें सब पता था
भागकर कहाँ जाएगा
जाएगा भी तो
यहीं मिलेगा
बिस्तर पर
सोया हुआ शिकार

न कहीं दलदल
न धँसती जाती कोई आवाज़
नींद में

पता भी न चलता
किसने खींच लिया पाताल में
सोया पैर

किसने सोख ली
सारी साँस

कौन कुचल गया
सोया हुआ दिल

दुख जो कोंचते थे
दिन में
वे रात में नहीं

जो रात को रुलाते
वे दिन में नहीं

इस तरह लगती थी घात
दिन-रात
सीने पर

पिघलती थी शिला एक

ढीला होता था
जबड़ा
पीड़ा में अकड़ा

दिन गया नहीं
कि आ जाती थी रात

आ जाते थे
शिकारी

मुझे यदि पता होता

मुझे यदि पता होता
क्या करना है
इस दिन का

ये दिन
तुम्हारे न होने का

अन्धी आँख जैसा
सफ़ेद दिन

मुझे यदि पता होता
कैसे रोकनी है यह घड़ी
रक्त में
करती टिकटिक

दही जमाती
मेरे सिर में

मालूम होता यदि
कैसे मोड़नी है पत्तल
सूखी देह की
इस पत्ती की

कहीं मिल जाता
यदि जल

पहुँच जाता
समय रहते
इसके पास

जल यदि टिका रहता
अपनी जगह
थोड़ी देर और

उतरता न जाता
नीचे और नीचे
धरती में

आत्मा सुन लेती
मेरी बात
यदि थोड़ी देर और

प्रार्थना ले आती
कहीं से
मामूली कोई शान्ति

नोचती न मैं यदि
ये हृदय
अपने पंजों से

उझलती न इसे
कभी हवा
कभी समुन्दर में

पहुँच पाती मैं यदि
किनारे तक

लहर के दबोचने
रात घिरने से पहले

मुझे यदि
पता होता
कैसे गुज़ारना है ये दिन

ये दिन तुम्हारे न होने का

थोड़ी देर

तुम्हारे इस ठंडे पड़े दिल में
थोड़ी देर सो जाऊँ?

बाहर विलाप है
मूर्च्छा है
भीड़ का तमाशा है

मेरे कपड़ों में आग है

यहाँ अँधेरे किसी कोने में
थोड़ी देर छिप जाऊँ?

वे मुझे चीरेंगे, गोदेंगे
हवा में लहराएँगे
धड़ कभी सिर

बिना बहाए रक्त एक बूँद
करेंगे मुझे कभी ज़िन्दा
कभी मुर्दा

जादुई इस सन्दूक़ में
थोड़ी देर लेट जाऊँ?

तुम्हारे दिल की ठंडी इस ज़मीन पर
थोड़ी देर सो जाऊँ?

क्या जगह है यह?

ढीला कर दिया है
जबड़ा पीड़ा ने
पंजा
दुख ने

क्या जगह है यह?

न कहीं धौंकनी
न साँस
न करवट
न कराह

न चिन्ता का यम

इतना सब शान्त

जैसे घूमती-घूमती पृथ्वी
चली गई हो

अचानक
कक्षा से बाहर

क्या जगह है यह?

शब्द जो मुझे कहना था

शब्द जो मुझे कहना था
चुपके से
तुम्हारे कान में

फिसल गया है
मेरे मुख से

उड़ गया है हवा में
घुस गया है जल में

गड़गड़ा रहा है
पास चट्टान के

लगा रहा है डुबकी
मछलियों के संग

खेल रहा है इन्द्रधनुष से

भागे चला जा रहा है
समुद्र की ओर

शब्द जिसे
उतरना था
तुम्हारे रक्त में
तुम्हारी कर्ण-कन्दरा
तुम्हारी धमनियों में

जिसे बैठना था
जाकर
तुम्हारे भीतर
अदृश्य किसी शिला पर

करनी थी मेरी प्रतीक्षा

शब्द जो था
तुम्हारे लिए केवल

निकला मेरे भीतर से
हो उठा चंचल
एकदम अचानक

छूट गया मेरे मुख से

चला गया ब्रह्मांड में
करने अठखेलियाँ

सितारों की ओर
देवताओं की ओर
परियों की ओर

उड़ गया
दूसरे संसारों में

अब जब वे देखते होंगे नीचे
मुझे
तुम्हें
शब्द की इस शरारत को

मालूम हो जाएगा उन्हें
कैसे हैरान हैं हम?

शब्द
जो कहना था मुझे
तुम्हारे कान में

जिसे उतरना था
तुम्हारे भीतर

उड़ गया आसमानों में

मेरे पास मिट्टी थी

मेरे पास मिट्टी थी
तुम्हारे पास जल

अगर उसे सींच देते
तो छाया बनती
शायद
न भी बनती

हमने सींचा नहीं
हमें पता नहीं

मेरे पास मिट्टी है
मेरे पास जल

अब धूप भी है बहुत सारी

धूप रोपने से
छाया उगती है
कि धूप?

मैंने रोपा नहीं
मुझे मालूम नहीं

क्यों जाना है तुम्हें

क्यों जाना है तुम्हें उतनी दूर
अकेले-अकेले
बदलना है अपना रूप
अपना चोला?

किसकी सभा का बुलावा है
जहाँ होना है प्रस्तुत
बिना छाया के
क्षत-विक्षत
अर्द्धांग कटाए

मुझे क्यों रुकना है यहाँ
देखना है तुम्हें जाते हुए

मैं तुम्हें कहाँ ढूँढूँगी
कौन-से वन
प्रान्तर
जन्मान्तर में

तुम जाओगे
और काल का घोड़ा
भगा ले जाएगा मुझे
कहीं दूर पटकने

पहचान लोगे मेरा मुख
लौटकर
नीली चोटों के नीचे से?

पूर्ण-विराम है यदि यह
तो सच-सच कहो
अर्द्ध-विराम है
तो भी

क्यों लौटना है तुम्हें सूर्य में
वायु में
क्यों लौटना है
जल और पृथ्वी में

वाणी यह मेरी
जाती है कर्ण में तुम्हारे
या कि ऊपर
किसी आकाश में

कुछ तो कहो निष्ठुर
क्यों जाना है
इस तरह
अकेले-अकेले?

पिंड से पिंड मिलाया उसने

पिंड से पिंड मिलाया उसने

आ गए सब अदृश्य लोग
दोनों वंशों के

सात पीढ़ियाँ
चौदह पीढ़ियाँ

कुछ अभी तक भ्रूण थे
कुछ विक्षिप्त
आत्महन्ता कुछ
दुर्घटनाग्रस्त कुछ

कुछ शान्त
कुछ अशान्त

सबका हुआ स्मरण
सबसे मिलाया उसने पिंड

अन्त में आए
भीष्म पितामह
धीरे-धीरे
निर्वंश

जाने कैसे कहा था धर्मराज ने
यह संसार केवल जीवितों का है*

* महाभारत में यक्ष ने प्रश्न किया, संसार में जीवित अधिक हैं या मृत! युधिष्ठिर ने कहा, जीवित, क्योंकि मृत अब नहीं हैं।

हमारे लिए नहीं होगा जल

हमारे लिए नहीं होगा
जल
दूसरे लोकों में

हम नहीं होंगे
किसी भी प्रार्थना में

हमारे लिए नहीं होगा
लौटने का
कोई रास्ता
कोई नहीं दिखाएगा हमें
अपना दिया

एक बार की उड़ान बस
और जल जाएँगे
पंख सब

एक बार का चलना बस
और जल जाएँगे
पुल सब

आकाश में फूटतीं
पटाखों की लड़ियाँ

एक कोई नदी
तकती होगी
हमारी राह

उसमें भी नहीं होगा
हमारे लिए
जल

तितली ने कहा

तितली ने कहा
कुल नौ दिन
मैं तुम्हारे पास हूँ
बगीचा यूँ ही रखना

तीसरे दिन
झर जाने वाला था गुलाब

गुड़हल
उसी दिन शाम को

हरसिंगार के पास थे
कुल जमा एक घंटा तीन मिनट

कुछ भी नहीं
रहने वाला था थिर

न ओस, न जल
न आँख, न आँसू

कुल नौ दिन का जीवन उसका
उड़ती फिरती थी वह
जहान भर में

कह गई थी मुझसे
बगीचा यूँ ही रखना

इस विरह का रंग उजला है

इस विरह का रंग उजला है

झर गए खुरंड सब

पहुँच गए दीये ठीक-ठाक
उस पार

कुछ भी नहीं हुआ ऐसा
जो सहने से बाहर हो

न इतना बुरा
कि उससे बुरा कभी हुआ न हो

सुन्न हुई वह

मगर इतनी नहीं
कि जल में हिलती
जलपरी न दिखे

अकेली हुई वह
मगर इतनी नहीं
कि मरने का जी करे

इस विरह का रंग उजला है

अभी तक तुम दिखते हो

पीड़ा में नहीं
अपने सहने में

अयोध्या में पुण्य-स्मृति

कोई नहीं जाता
किसी के साथ

सब की अपनी-अपनी डगर

कोई जाता है रसातल
कोई लेने जल-समाधि

प्रेम एक शब्द है
जाने क्यों
वह उससे कहती नहीं

लिखती है
अंगारे पर चलते
अपने पैर के नाख़ून से

सान्त्वना एक शब्द है
ठहरा हुआ अनन्त में

इतना अकेला
एक देवता
कब से धूप में खड़ा है

हर कोई नहीं चीर पाता
अपना सीना

नहीं दिखा पाता
अपना दिल
अपने लहू का रंग

चाहे जितना भी पैर पकड़े
हर कोई नहीं रोक पाता
रास्ता यम का

कोई नहीं जाता
किसी के साथ

सब की अपनी-अपनी डगर

संसार इतना असहनीय क्यों है

बन्दरिया पूछती है
मृत अपने शिशु से

एक दिन में नहीं

एक दिन में नहीं
दरकती पृथ्वी
किसी प्रार्थना से

एक दिन में नहीं
छूट जाता घर
कुटी हो भले महल

कितने भी प्रबल हों नक्षत्र
एक दिन में नहीं
पड़ती धुँधली दुनिया
चाहे कितनी भी
कंटक हो

चिड़िया उड़ती है अन्त तक
अपने शूल के संग

स्त्री चलती है प्रार्थना में
एकान्त में सन्न

राजा देता है आहुति
यज्ञ में जड़

एक दिन के दुख से
नहीं बदलता कुछ

थोड़ी-सी दरकती है धरती
उठता है ऊपर
सरयू का जल

चिड़िया रुकती है
उड़ान के बीच

मछली प्रवाह में

एक दिन के दुख से
नहीं फटता कहीं कोई आसमान
नहीं हिलता कोई सिंहासन

आते-जाते हैं बहुत सारे दिन

फिर दूर कहीं बजता है
बादलों में गजर
उठता है अन्धड़
फटता है
धरती का गर्भ

राजा चलता जाता है
विक्षिप्त
सरयू के जल में
धीरे-धीरे छूटता है हाथ
धँसता है पैर
डूबती है साँस

एक दिन के चक्के में
नहीं अटकता
कोई दुख

बहुत समय लगता है
झड़ने में बाल

सिर्फ़ अयोध्या डूबती है
एक दिन के दुख में

सूख जाता है अकेला

सूख जाता है
अकेला वृक्ष

उड़ती नहीं भूलकर भी
चिड़िया अकेली

रह नहीं पाती अकेली
एक चींटी
मधुमक्खी एक

दुख सुखा देता है
गाय का दूध

पूछता है चन्द्रमा
दिन-रात समुन्दर से—
किसके लिए उगता हूँ मैं
किसके लिए?

चलते रहते हैं चुपचाप
कुएँ धरती के भीतर
नदी की ओर

न बादल को चैन है
हवा के बिना

न अन्न को
घुन के बिना

सूख जाता है
आदमी अकेला

न वह जा पाता है
वृक्ष के पास

न कर पाता है पीछा
तितली का

पहुँचता है जब तक
कुएँ के क़रीब
बदल चुकता है वह
अपनी जगह

दया करो
प्रभु
उन पर
दया करो

वह अकेली न थी

वे उसके भीतर रह रहे थे
वह अकेली न थी

कन्धा चटक गया था
कि उतरा था
पता कुछ
चलता न था

उसकी बाँहें उनका झूला
झूलते थे बारी-बारी
पीड़ा के देवता

हँसी की हिलोरें
पीड़ा के ठहाके

अदृश्य कोई खेल
उनका
रात-दिन चलता था

नीला नहीं
दुख यह सतरंगी था

ताल देता सूरज था
ऋतुएँ देतीं थाप

ज्वरग्रस्त देह
अपनी जरा में
थिकरती थी

एक ही संसार
भीतर और बाहर

वही देव
वही असुर

साफ़ हुई जाती थी
मैली उसकी नदी

लाखों कीटाणु उसे
हर दम कुतरते

वह अकेली न थी

यहीं छूट जाएगा सब

मालूम था
साथ नहीं जाएगा कुछ
यहीं छूट जाएगा सब

फिर भी

थामे रहने को
चाहिए था एक हाथ
अटकाए रखने को
एक मुख

मालूम था
साथ नहीं जाएगा कोई पंख
अन्तिम उड़ान में

न पत्थर
न चोट

गिद्ध रह जाएँगे यहीं सब

काँटे चुनते वक़्त
कुछ भी
भूला न था

पंख झरते थे आकाश में
और गुम जाते थे
अन्तरिक्ष में

तारे टूटते थे अनन्त में
और बन जाते थे
आकाश-गंगा

मालूम था
ऊपर सब साफ़ होगा
सूर्य के निकट

न वहाँ तूफ़ान
न धुक-धुक

हवा होगी शान्त एकदम
किश्ती डूबेगी जब
बीच भँवर

मालूम था
छूट जाएगा सब स्वाद यहीं
अन्न भी
गन्ध और स्पर्श भी

कि ध्वनियाँ रह जाएँगी यहीं
रंग और दृश्य भी

कि वह कोई दूसरी ही प्यास होगी
दूसरी ही भूख
जो नहीं बुझेगी अन्त तक

कि वही जाएगी साथ
अन्त के बाद भी

फिर भी

चाहिए था
पकड़े रहने को
एक हाथ

रोक रखने को
एक पुकार

एक दिन मैं मिलूँगी तुमसे

एक दिन मैं मिलूँगी तुमसे
बीच आसमान में
बुलबुल एक

झड़ चुकी होगी पंखों से
मेरी मिट्टी सब
दुख सब

एक दिन
छोड़ देगी धरती
मुझ पर
अपनी जकड़

जैसे-जैसे उड़ती जाऊँगी
ऊपर
बड़ा होता जाएगा
मेरा सच

याद भी न रहेगा
तब
कैसे काले
दिन थे यह

कि मैं करती थी इन्तज़ार
तट पर
तुम्हारे लौटने का
और घेर लिया था
मुझे दरिन्दों ने

कि छिपना पड़ा था
मुझे
जल की लहरों में

ढक गई थी मेरी साँस
काली काई से

एक दिन
याद भी न आएगा
मैंने किया था
तुम्हारा इन्तज़ार
जल में डूबे हुए
दक्षिणायण के
उत्तरायण होने का

स्मृतिविहीन हो जाएगा
समय सब

एक दिन
दु:स्वप्न तक भी नहीं

सोने जैसा सूर्य
सोने जैसे तुम
और पंख मेरे
एक दिन
वह भी सुनहरे

पता भी न चलेगा
तब
कहाँ छूट गईं पीछे
रास्ता रोकतीं
लपटें मरघट की

एक दिन
पहुँच जाऊँगी मैं
सुनहरी धूल लेने
तुम्हारे पंखों की

पता भी न चलेगा
नीचे धरती से
ऊपर एक पंछी उड़ता है
कि दो

छिपाकर अपना पंख
तुम्हारे पंख में
एक दिन मैं उड़ूँगी
तुम्हारे संग

कौन रख गया है तुम्हें यहाँ

अभी मैं पहचानती हूँ तुम्हें

अभी मैं पहचानती हूँ तुम्हें
रंगों में
किरणों में

देख लेती हूँ
हवा की सरसराहट में
छिपे बैठे हो किस ओर

लगाए रहती हूँ
सन्नाटे में कान

ठिठुरता है दिल जब
लम्बी लगती है रात
मालूम रहता है तब भी
यही कहीं होगे तुम
सुधार रहे होगे
दुनिया की घड़ी

एक दिन जब पहुँचूँगी
सभा में तुम्हारी
बिना नेत्रों, इन्द्रियों के
कैसे पहचानूँगी तुम्हें तब

किससे कहूँगी
कैसी पीड़ा में मिटी
इस जनम
धीरे-धीरे
मेरे माथे की लिखत

अभी मैं पहचानती हूँ तुम्हें
इस कण-भर समय में

उस काल-रात्रि के बीहड़ में
कहाँ ढूँढूँगी तुम्हें?

कभी मुंड कभी माला

मैं अपने ईश्वर के हाथ में हूँ
कभी फूल
कभी ज्वाला

कभी मुंड
कभी माला

ऐसे झरना था कोई दुख?
गिरनी थीं पंखुरियाँ?
बननी थी राख?

ऐसे होना था अस्त
एक हृदय?
फिर उगना था
अन्तहीन प्रकाश में?

झुकी हुई थी प्रार्थना में

जाने कब
उठा लिया उसने
बच्चे को
नृत्य करते-करते

अब उसके हाथ में
ऊपर जाती
कभी नीचे आती

कभी फूल
कभी माला

न मैं रुदन में थी
न हिचकी में
न क्षोभ
न थकान में

मिट्टी के खिलौनों में
उड़ती हुई मिट्टी भर

जाने क्यों उठा लिया
प्रार्थना में जड़ मुझको

छूने दिया
अपने माथे का चाँद

उसी ने मूक किया था
दी उसी ने वाणी

उसके हाथ में हूँ अब

उसके नृत्य
उसकी थाप में

जो नहीं जानता

जो नहीं जानता
लगी है आग खांडव में
है नादान

मालूम नहीं जिसे अब तक
भागने नहीं
यहाँ तक ले आने को
बनी थी सुरंग
है मूढ़

जो दिन-रात मुग्ध है
अपने फल पर

जिसके स्वप्न तक में
नहीं कहीं
चाक़ू

दीख नहीं रहा जिसे
फल में बढ़ता जाता साँप

कौन बचा सकता है उसे
मंत्र से, यज्ञ से?

जिसकी देह में बना लीं
चींटियों ने बाँबियाँ

जो आन मिला प्राण रहते
मिट्टी में मिट्टी

उसके लिए कहीं
हो तो हो
उम्मीद

होना चाहिए मालूम

आँख को
अचानक आ लगे
ढेले के बारे में

पैर को
घास में छिपे
गड्ढे के बारे में

होना चाहिए मालूम
पीठ को
भैंसे के बारे में

अचानक सींग के
आ ठुकने के बारे में

कौन ढूँढ़ लाया है तुम्हें

कौन ढूँढ़ लाया है तुम्हें
रख गया है
मेरी पुस्तक के बीचोबीच

छिपा गया है तुम्हें
सूखे फूल
और मंत्र के बीच

कौन बता गया है
तुम्हारा पता सही-सही

प्रार्थना कोई छूटी हुई
किसी की
किसी और समय की
कौन रख गया है
मेरी साँस में

क्या मैं
मैं नहीं
अपना कोई पुरखा हूँ

किसका रज-संगम हूँ मैं
जैसे तुम आन पहँचे हो
प्रकाश-वर्षों पर
चलकर यहाँ
पुरखा कोई दौड़ा चला आया है
मेरी नसों में
सुदूर समय से

अपनी नसें देखूँ अब
कि देखूँ
सहस्त्र चन्द्र तेज?

मुझे नहीं
उसे ही था देखना
तुम्हारा रूप
गुंजन, नर्तन

मुझे नहीं
आदिम उस पितर को ही
पता थे सब भेद
शब्द और ध्वनि के

उसे ही था मालूम
किस नाम से पुकारें
तो आ जाओगे तुम

मैं तो खेलती थी
गुम
एकान्त में
चींटी खाये अपने दिल से

जो मैं जानती
आ जाओगे
एक पुकार-भर से
कि मैं बन जाऊँगी
प्राचीन कोई मानव
छिपा लेती मैं अपने घुन

अब कहाँ छिपाऊँ ये चींटियाँ

किसकी थी यह प्रार्थना
होनी थी
मेरी साँस में पूरी?

तुम्हारे बादल में कभी

तुम्हारे बादल में कभी
तुम्हारी बिजली में कभी
उड़ती जाती उसकी
नन्ही सी जान

देखो प्रभु
इसका हौसला

न पानी का ख़ौफ़
न अँधेरे की चिन्ता

न तिनके की चाह
न साथ की परवाह

देखो प्रभु
इसका पंख
कैसा भीगा हुआ
उड़ता

ज़रूर इसे मालूम था
जाल के बारे में

जाल के ऊपर
आकाश के बारे में

ज़रूर इसे मालूम है
बादल के पीछे
सूरज के बारे में

घुमड़ता ज़रूर था
कोई तूफ़ान इसके सीने में

आ नहीं जाता यूँ ही कोई
बाहर के अन्धड़ में

उधर आकाश में नहीं
इधर देखो प्रभु
इस मुनिया के सीने में

छोटा-सा तूफ़ान एक
उड़ता हुआ

ज़रा धीरे चलो, वनकन्या

ज़रा धीरे चलो, वनकन्या

बीज सो रहा है
मिट्टी में

घास चल रही है
धरती में

बर्तन लुढ़क रहे हैं
भीतर तुम्हारे आले से

जहाँ भी रखती हो पाँव
दरक रही है धरती

ज़रा धीरे चलो, वनकन्या

पछाड़ दिया है तुमने
ऋतु-चक्रों को

पुरखों को
गिद्धों को

पछाड़ दिया है तुमने
संवत्सर को
सूर्य और
स्मृति को

कब का हुआ मिट्टी
तुम्हारे हृदय का वह टुकड़ा

यहाँ रख दो उसे
ऊँची इस शिला पर

जाने दो उसे

सूर्य की ओर
वायु की ओर
रश्मि की ओर

बीत गया युग एक

धीरे-धीरे
लौटो अब
वनकन्या

देवता हो, चाहे मनुष्य

देवता हो, चाहे मनुष्य
देह मत रखना किसी के चरणों में

देह बड़ी ही बन्धनकारी, वनकन्या!

सुलगने देना
अपनी बत्ती
अपना दावानल

साफ़ होने देना खेत
जल लेने देना
पुराना घास-फूस

अपनी मज्जा
अपनी अग्नि
परीक्षा अपनी

डरना मत किसी से, वनकन्या

धीमे-धीमे बनना लौ
उठती सीधी
रीढ़ में से ऊपर

साफ़
निष्कम्प
नीली लौ

अपनी देह
अपना यज्ञ
अपनी ज्वाला

फिर निकलना दूर
इस यज्ञ से भी

खड़े होना
अकेले कभी
आकाश तले

मात्र एक हृदय

नग्न और देहविहीन

निष्कलुष
पारदर्शी

आसान नहीं होगा यह
बहुत मुश्किल भी नहीं, वनकन्या
रहना बिन देह के

लौटना मत इस बार
किसी कन्दरा
किसी कुटिया में

लौटना यदि किसी दिन
तो लौटना यहीं
इस हृदय में अपने

देह बड़ी ही बन्धनकारी, वनकन्या!

इसे मत रख देना
किसी की देहरी पर

देवता नहीं, कोई मनुष्य

देवता नहीं
कोई मनुष्य ही बनाएगा
तुम्हें मानवी
एक दिन, वनकन्या

कोई मनुष्य ही तोड़ेगा
तुम्हारे सीने में जमी बर्फ़

वही ले जाएगा तुम्हें
तुम्हारे भीतर
बहते सोते के पास

वही धुलवाएगा तुम्हारा मुख
पवित्र किसी जल से

कलकल ध्वनि तुम्हारे रक्त की
कभी धीमी
कभी तेज़

कोई मनुष्य ही सुनवाएगा तुम्हें

ऋतुएँ जागेंगी तुम में
फिर रंग
और राग

चिड़ियों की आवाज़

कोई मनुष्य ही बुझाएगा, वनकन्या
तुम्हारी अनबुझ प्यास

आँखें मूँदे उसके साथ
पकड़ोगी रात का सिरा
और पहुँच जाओगी दिन तक

करोगी पृथ्वी से शुरू
और मिलोगी
पास नक्षत्रों के

देवता नहीं
कोई मनुष्य ही दिखाएगा तुम्हें
पूर्णिमा का चाँद

देवों को नहीं मालूम होता
कैसे जम जाता है लहू
मनुष्यों की आँख में

गढ़ता है कैसा
कालचक्र
सीने में

अनन्त समय के
स्वामियों का रथ
रहता है सदा ऊँचा
अँगुली-भर पृथ्वी से

बचना पड़ता है, वनकन्या
उन्हें मनुष्यों के मैल से

देवता नहीं
देवताओं से बड़ा कोई मनुष्य
आएगा एक दिन तुम्हारे लिए

खेतों में बीज छितराता
कुछ मिट्टी
कुछ चिड़ियों के लिए

वही बनाएगा तुम्हें मानवी

वही उलीचेगा
तुम्हारे हृदय का कीचड़

निकलेगा स्वच्छ जल

वही होगा तुम्हारा देवता, वनकन्या!

कोई चिड़िया

कोई चिड़िया
यहाँ आन गिरी है

ज़रा देखो तो सही
ढेला लग गया उसे
कि काँटा

पंख तो नहीं नुचवा आई
किसी बिल्ली से

छू तो नहीं गई
किसी बिजली के तार से

साँस ले रही है तेज़-तेज़

नंगा होता जा रहा है
छोटा-सा दिल

मुड़ते जा रहे हैं
पीछे को पंख

टटोलने दो, ज़रा बिटिया
कहाँ है तुम्हारा घाव
बाहर
कि चला गया गुम भीतर

ऐसी मिचमिच ये आँखें

पानी तो नहीं पी आईं गँदला

याकि प्यास ने गिरा दिया यहाँ
अचानक
मेरे पास
बीच उड़ान में

ऐसा मुश्किल तुम्हारा आकाश

न वहाँ अन्न, न जल

फिर भी जाना है वहीं
रोज़-रोज़
पंख में हवा भर

जैसे पकड़ में
आ लेगा सूरज
झूल लोगी बैठकर
झूला एक इन्द्रधनुष

आज क्या हुआ तुम्हारे साथ, बिटिया?

उड़ रही थीं बादल
याकि चील के संग
ऐसा धक-धक तुम्हारा दिल

फटता जाता हो जैसे
अनकही किसी बात से

ईश्वर तो नहीं देख आईं ऊपर

छू तो नहीं गया कहीं
वह तुम्हारा पंख?

लौटना पड़ता है

लौटना पड़ता है
फिर इसी संसार में

उसे देख आओ, तब भी

आना पड़ता है फिर इसी
गँदली यमुना के पास

धोना पड़ता है अपना मैल
जल में
अधजले मुर्दे के पास

उसे देख आओ
तो भी
लौटना पड़ता है
फिर इसी संसार में

जो दिखाता है हमें
सहस्त्र चन्द्र तेज
वही सुझाता है
यहाँ रखी है कुदाल
यहाँ तसला, यहाँ गठरी

ले जाता है वह हमें
रोशनी नहीं
कीचड़ के पास
अपनी दुर्गन्ध के पास

कुएँ साफ़ करने पड़ते हैं फिर

अलग करने पड़ते हैं बीज
अपने कंकरों से

खोजना पड़ता है
अपनी साँस में से
विष छानने का उपाय

ढूँढ़ना पड़ता है
अपना कोढ़
अपनी देह में

साफ़ करना पड़ता है
अपना ज़ख़्म
एकान्त में

उससे मिल आओ

तब भी

मरहम नहीं थमाता वह
तुम्हारे हाथ में

लौटना पड़ता है तुम्हें
फिर इसी संसार में

ढूँढ़नी पड़ती है
ख़ुद ही
अपने विष की जड़ी-बूटी

तुम्हें भी तो पता होगा

मैं क्यों दिखाऊँगी तुम्हें
निकालकर अपना दिल

तुम्हें भी तो
पता होगा

कहाँ लगा होगा
पत्थर
कहाँ हथौड़ी

कैसे ठुकी होगी
कुन्द एक कील
किसी ढकी हुई जगह में

कैसे सिमटा होगा
रक्त
नीचे चोट के
गड्ढे में

नीला मुर्दा थक्का
बहता हुआ
ज़िन्दा शरीर में
तुम्हें भी तो दिखता होगा
काँच जैसा साफ़

मैं क्यों दिखाऊँगी तुम्हें
अपना आघात?

तुम्हें भी तो
पता होगा

कितने दबाव पर
टूट जाती है टहनी
उखड़ जाता है पेड़
पिचक जाता है बर्तन

तार जब काट देता है हड्डी
फेंक देता है
उछालकर बाजू
हवा में

तुम्हें भी तो
पता होगा
कितना सह सकता है मनुष्य
कितना नहीं

कितना कर सकता है क्षमा
कितना नहीं

कोई क्यों माँगेगा
किसी और के किये की क्षमा
भले कितना ही अँधेरा हो
पीड़ा का क्षण

कोई क्यों हटाएगा
सामने से अपने
भेजा तुम्हारा प्याला

क्यों नहीं लेगा कोई
तुम्हारी भी परीक्षा
कि देख सकते हो कितना तुम
सह सकते हो कितना

कैसे चटकता है कपाल
भीतर ही भीतर

उठता है रन्ध्र एक
धीरे-धीरे ऊपर
किस पीड़ा में

तुम्हें भी तो
पता होगा
कुछ?

मैं क्यों कहूँगी तुमसे
अब और नहीं
सहा जाता
मेरे ईश्वर

वही दाना देना, प्रभु

वही दाना देना, प्रभु
जिस पर
मेरा नाम हो

वही बूँद पानी मिले
जिसमें मेरी
प्यास हो

टुकड़ा-भर आकाश, प्रभु
फटा जिसका छाता हो

कभी-कभी दिखता उसमें
सूरज और चाँद हो

मुट्ठी-भर तारे हों
उड़ते उसमें बादल हों

पंछी हों
रंग हो
थोड़ा-भर अँधेरा हो

वही आँख देना
प्रभु
जिसमें कोई सूझ हो

काँपता-सा दिल देना
थरथराती साँस

दो-चार दिन
मिलें
दो-चार रात

जल दो
तो कल-कल हो
सीना कभी
टप-टप हो

वही समय देना, प्रभु
जिसमें कोई आहट हो

प्रेम दो तो ऐसा हो
वही मेरा
सब कुछ हो

बादलों में
दिखे-छिपे
तुम जैसा
झिलमिल हो

न सही मनुष्य
चाहे पेड़ हो
मछली हो

वही प्रिय देना, प्रभु
जिसे
मेरी आस हो

इतना सब्र देना
मेरी भूख
मेरी प्यास को

न पाने में धोखा
न हक़ में
कहीं गड़बड़ हो

हो मेरे भाग्य का
हो मेरे भाग्य में

उतना ही देना, प्रभु

भले वह भूख हो
भले वह प्यास हो

दिख जाता है तुम्हें

दिख जाता है तुम्हें
वहाँ आकाश से
हमारा लाल दिल

पत्ती का हरा
कीड़े का मटमैला दिल

दिख जाता है
वहाँ ऊपर से
कहाँ छिपा है काँटा

कहाँ कपट
कहाँ प्रार्थना

सुन लेते हो
सही-सही
हर वर्ण
हर ध्वनि

पहचान लेते हो अलग
पीड़ा को क्षोभ से

और वह
जो कुछ भी नहीं
कह पाता तुमसे
प्रार्थना में
मौन उसका दारुण
सुन पाते हो
कि नहीं

भूल तो नहीं जाते
किसने पुकारा था तुम्हें
पहले
किसने बाद में

पड़ा रहता है नास्तिक जो
मुरझाया-सा धूप में
उसे भी छूते हो न
अपनी करुणा से

याद तो रहता है न
कब होना है तुम्हें सहस्त्र रूप
कब एक रूप

कब खेलना है
बच्चों से
कब गायों से

कब कर देना है उन्मत्त
किसी राजकुमारी को
प्रेम से अपने
फिर चखानी है उसे
रास्तों की धूल
नचाना है फ़क़ीर को कब
था-था थैया

कौन-सी कठपुतली का
खींचना है
धागा कब
याद तो रहता है सब

कब पकड़ लेना है
किसके रथ का चक्का

कर देना है कब समय ऐसा
कि न वह दिन हो, न रात
न धरती, न आकाश
न काल, न अकाल

कब उड़ा देना है किसको
फूँक से
हवा में

सध तो जाता है न
तुमसे सब?

इतनी गड़बड़ ये दुनिया

झोल तो नहीं
पड़ जाता
तुम्हारे तराज़ू में

कभी-कभी ईश्वर

देवी-स्तुति

कभी-कभी
अँधेरे में भी रखना देवी माँ!
कि देख लें आता
कोई प्रकाश

कभी-कभी
ढेला कोई फिंकवाना
देवी माँ

कि काँच के ही बने हैं
मनुष्यों के दिल
लगने पर ठेस
वहीं से निकलते हैं दानव
कभी सन्त

महिषासुर भेजना
कभी-कभी माँ!

भूल नहीं जाएँ हम
कैसे किये जाते हैं वध
सजाए कैसे जाते हैं मुंड
बींधते हैं तीर कैसे
कुत्तों के मुख

भूलना मत भेजना
केंचुआ और साँप
कभी-कभी माँ

याद मगर रहने देना
रखना नहीं हमें
इन पर पाँव

आसान मत करना कोई राह
ऐसे ही चलाना, देवी माँ
कभी आग
कभी कीच पर

कि भूल नहीं पाएँ हम
ऐसे ही तो घूमते हैं
ताप और शीत
समूची इस पृथ्वी पर

अच्छे से गढ़ना
मैल और पसीने से
भूलने न देना
अपनी मीठी-मीठी गन्ध

नींद में जो दिखे कहीं
हिलता शिशु-मुख
डाल देना बूँद एक
कभी-कभी अमृत

समूची मत हो जाना प्रत्यक्ष
धीरे-धीरे लेना
अवतरण

करना ज़रा मद्धिम
सूर्य और चन्द्र को
करना ज़रा मद्धिम
रात और दिन को
करना ज़रा मद्धिम
काल और कूट को

दिखना फिर अँधेरे में
साफ़ और शफ़्फ़ाफ़
देवी माँ!

स्वप्न के बाहर

इस तरह

इस तरह शुरू होती हैं यात्राएँ
एक पत्थर टकराकर
आपके पाँव से
गिर जाता है नीचे
घाटी में

पल-भर के लिए आप
भौचक रह जाते हैं

रास्ते की बजाय नीचे घाटी में
दिखती है नदी
सुन्दर नहीं, भयानक

आप चढ़ाई चढ़ रहे होते हैं
तोड़ देता है
हवा का दबाव
सीने का पिंजरा
निकल आता है बाहर
धक्-धक् करता दिल

आँखों के आगे
छा जाती है काली धुन्ध
कुछ समझ नहीं पाते
ऊपर जाएँ या नीचे

कि तभी
चट्टान में से
झाँकते हैं
नन्हे नीले फूल

उड़ जाती है एक तितली
छूकर आपकी बाँह

घास उठाती है
हल्के से अपना सिर

आप मुस्कराते हैं
हौले से

और देखते हैं
आप ही नहीं हैं
प्रकृति में अकेले
एकान्त में मुस्कराने वाले

फूल हैं
और तितलियाँ

और बच्चे
बहुत बूढ़े हो गए
समय के उस पार चले गए
कुछ लोग

सब मुस्करा रहे हैं अकेले-अकेले
ठीक इस वक़्त
सब चलते हैं अकेले
रुकते हैं, मुड़ते हैं

पता ही नहीं चलता उन्हें
अकेले नहीं वे
जब तक छू न जाए उन्हें
तितली का पंख

इस तरह शुरू होती हैं यात्राएँ
एक पत्थर से
दूसरे पत्थर तक
रुक-रुककर

धीरे-धीरे पहुँचते हैं आप
चोटी तक
देखते हैं मुड़कर

न कहीं फूल दिखाई देते हैं
न तितली

न वह पत्थर
जो एक दोपहर
पैर से टकराया था
आप लुढ़कने वाले थे नीचे घाटी में

कैसे नादान थे आप
सोचते थे तब
गिरे तो मरे

जानते न थे
इसी तरह होती हैं यात्राएँ

कभी-कभी अपना सच

कभी-कभी अपना सच
कह देना चाहिए

धो लेना चाहिए पुराना वस्त्र
धूप में सुखा
रख लेना चाहिए तहाकर

कि जर्जरा जाता है पड़े-पड़े
बन्द रखा वस्त्र
मैल भर जाती है उसकी सल में

चाहे जितना भी विषाक्त हो
कभी-कभी
कह देना चाहिए अपना सच

हो सकता है आपसे
ग़लती हो जाए वर्ण की
या व्याकरण की चूक

हो सकता है
आवाज़ जो निकले आपके मुख से
मनुष्य नहीं
किसी आहत पिल्ले की हो

ऐसा हो सकता है बिलकुल
कि आप
ख़ुद ही घबरा जाएँ
कमज़ोर अपनी ध्वनि से

अनेक ध्वनियाँ हैं इस सृष्टि में
दुख और पीड़ा की
आर्तों से ही बना है यह संसार

सोचना चाहिए
कभी-कभी रुककर

कैसी ध्वनि निकलती होगी
घायल शेर के वक्ष से
काँटे लगे
मछली के मुख से

क्या कर रहा होगा
अधमरा तिलचट्टा
जिसे बहाया था फ़्लश में

सुननी चाहिए मद्धिम-सी आवाज़
कभी-कभी रुककर
फँस तो नहीं गई कोई तितली
गिरगिट के मुँह में

जानी चाहिए आपकी दृष्टि दूर
उस बच्ची तलक
जिसके साथ कुछ ग़लत किया
किसी ने
अब वह तक रही है
सामने गुमसुम

पकड़नी चाहिए आपको
उसके धिक्कार की दिशा
वहीं कहीं है उसका मुजरिम

भेड़िये जब पकड़े हुए हों
आपकी टाँग
और आपके कंठ से निकल न पाए
कमज़ोर-सी भी चीख़

आप घिर चुके हों चक्रव्यूह से
और पता न चलता हो
आप चुप्पी से बचेंगे
याकि चीख़ से

कोई ध्वनि निकलनी चाहिए
आपके कंठ से
वर्ण से परे

चाहे कितना भी विषाक्त हो
आना चाहिए कहना
दो टूक अपना सच

इस तरह खोलते हैं लंगर

इस तरह आप खोलते हैं लंगर
हवा में एकटक ताकते हुए
लहर को धकेलते हुए भीतर
पीड़ा ने डुबो रखा था आपको
गरदन से पकड़कर

एक साँस और
बस एक साँस

एक झोंका और
थोड़ी-सी हवा बस

आप खोलते हैं लंगर
जैसे काटते हों कोई टाँका
किसी घाव का

अब वहाँ सूखी गड़न है केवल
स्मृति किसी चोट की

अब सब गड़बड़ है
स्मृति भी
चोटों का हिसाब भी

कहीं जाना न था
कहीं आना न था

यहीं रुकना चाहते थे
सदा के लिए
गाड़ना चाहते थे
अपना खूँटा
जैसे कोई चट्टान हों आप
या कोई पत्थर

इतने भारी
इतने थिर होना चाहते थे
कि कोई
हिला न सके आपको
कर न सके विस्थापित

कितनी मौतें लिये अपने भीतर
घूमते रहे बेकार
भारी मशक लेकर

आप खोलते हैं अपने लंगर
और कोई नहीं रोकता
आपकी राह

कोई नहीं पुकारता
किनारे से

कोई यह तक नहीं देखता
कि आप उठ गए हैं
सभा से
कि ख़ाली होने से पहले ही
भर गई है आपकी जगह

पानी पर लिखी थीं
आपने इबारतें
सन्नाटे में सुनी थीं
अपनी ही प्रार्थनाएँ

आपको पता भी नहीं चला
हवा ले गई
धीरे-धीरे
चुराकर आपके अंग

कि अब आप ही हैं धूल
अपनी आँखों की

छाया की तरह
गुज़रते हैं आप
इस पृथ्वी पर से
इस दिन पर से
इस क्षण पर से

काश कोई
ग्रहण ही हुए होते आप
बने होते
हवा और रश्मि के

कहीं रह जाता कोई निशान

किसी ने बताया नहीं

किसी ने बताया नहीं
मैंने पूछा भी नहीं

रास्ता किधर से है

इतना भी नहीं
कि सीढ़ियाँ चढ़नी हैं
या उतरनी

पीछे मुड़कर देखना है
कि नहीं

पुल कोई आ जाए
बीच रास्ते अगर
पार करना है
कि नहीं

पूछा नहीं मैंने
करना है क्या

अपने पैरों में उलझी
अनन्त की इस रेखा का

नक़्शा कोई मैंने ढूँढ़ा नहीं
किसी ने बताया भी नहीं

न चाँद को देखा
न तारे को, सूरज को,
न मौसम और साइत को

न आईने में देखा ही
अपना बौना क़द

गठरी तक बाँधी नहीं
मुँहअँधेरे
चलने से पहले

ढूँढ़ा नहीं अपना
लाठी और लोटा तक

चुल्लू भर हाथ लिये
निकल आई रास्ते पर

बताया नहीं किसी ने
ठग मिलेंगे कुछ दूर
जाने पर

कि भूख लगेगी
अकारण बहुत

बल्कि भूख ही होगी
तुम्हारा ठग

ज़हर से बचोगी
तो मारी जाओगी
अपनी प्यास से

एक जगह दिखेगी
अपनी टूटी चप्पल
फिर नंगा मैला पैर

चुभा उसमें कंकर
उसके बाद भी नहीं

बार-बार तुम रुकोगी
पीड़ा नहीं
मायावी किसी पुकार से

किसी ने बताया नहीं
मैंने पूछा भी नहीं

कि मुड़कर देख लूँगी
अगर
तो कितने दिनों

कितनी घड़ियों में
हो जाऊँगी पत्थर

सीने में दबाए सवाल
कितनी दूर चलती जाऊँगी
तो होगा कोई पुल

पता भी नहीं चलता और

पता भी नहीं चलता
और एक दिन
बन चुका होता है
बीज में अँखुआ
मिट्टी के नीचे

उतर चुका होता है
तितली का खोल

अचानक खोल देता है आँखें
गर्भ में सोया शिशु
तय कर लेता है
आज ही लेना है उसे जन्म
निकल लेना है
अँधेरी इस
मशक से बाहर

निमिष-भर में होता है सब

माँएँ पड़ी रहती हैं सोई
सारी सृष्टि में
कोई बताता नहीं उन्हें
देवता काट ले गया
उनके शिशु का सिर

प्रकृति सुनती है विलाप
सब का
देवी के दुख से भला
बड़ा किसका दुख?

निमिष-भर में होता है सब

पता भी नहीं चलता
कब टकराई हमारी पृथ्वी
किसी उल्का से व्योम में
कब टकराने लगे आकाश में
स्वप्नों से स्वप्न

निमिष-भर के भौचक में
कोई समझ नहीं पाता

कौन-सा है स्वप्न इस रात का
कौन बीती रात
बीते साल, बीती सदी का

सब जगह गड़बड़ है निमिष भर की

कोई नहीं बता पाता
न योगी
न कुत्ता, न चिड़ियाँ

झर रहा है इस वक़्त उजाला जो
जुगनुओं की चमक है
या राख है सितारों की

मचा रखा है इतना कोहराम
चींटी ने
हाथी की नींद में
क्यों

मैं वहाँ थी, मगर

मैं उसके स्वप्न में नहीं
उससे बाहर थी

स्वप्न की दुनिया में
क्या था
क्या हो रहा था
उसके साथ
मुझे कुछ पता न था

मैं वहाँ थी
मगर बाहर थी
उसकी चौखट पर

बाहर एक दुनिया थी क्रूर
उसके देवता भी क्रूर
माँग रहे थे सब
अपनी-अपनी बलि

मैं वहाँ आ गई थी
डरकर
उसकी शरण में
उसके स्वप्न के बाहर

कुछ पता चलता न था
कहाँ था अँधेरा ज़्यादा
स्वप्न के भीतर
कि स्वप्न के बाहर

बलि की छुरी
कहाँ थी सहनीय ज़्यादा
स्वप्न के भीतर
कि स्वप्न के बाहर

धरती में जड़े थे
हमारे पैर
माथा हवा में
आँखें मुड़ चुकी थीं भीतर

देवता उड़ रहे थे
ऐन सिर के ऊपर

कहीं एक छुरी थी
जो चल रही थी लगातार
कभी धीमी, कभी झटके से
पत्थर, कभी गरदन पर

मैं किसी चौखट पर थी
न वह खुलती थी भीतर
न बाहर

बलि माँगता एक शोर था
हवा में
देवता लगे थे मेरे पीछे
कि मनुष्य

यह कोई स्वप्न नहीं
असहनीय था यह
स्वप्न से भी ज़्यादा

मैं वहाँ थी
मगर
स्वप्न से बाहर थी

एक गऊ मेरे भीतर है

एक गऊ मेरे भीतर है
जिसे कटने का डर है

इस गऊ से अलग
जिसे खिलाया जा रहा है चारा
खींची जा रही है
जिसके साथ फ़ोटो

उस गऊ से भी अलग
जिसका किया था
मैंने तिलक
खिलाया था गुड़
पूजा में

जिसके पैरों के नीचे से
रेंगकर
पार की थी उस दिन
मैंने और मृतक ने
वैतरणी

जो गऊ मेरे भीतर
आ छिपी है
भागकर
जिसे
कटने का डर है
बचने का डर

लगे हैं जिसके पीछे
हत्यारे
और बचाने वाले
दोनों
यह नहीं
जिसकी फ़ोटो छपी है

उसके थन
अभी भारी थे
बच्चे के दूध से
भाग नहीं पा रही थी
ठीक से

रफ़्तार बहुत कम थी
डर बहुत ज़्यादा
बच सकने के लिए

तिस पर
आधी रात कोई
चुरा ले गया था
उसका बछड़ा

साँड़ उसका पहले ही
भगा दिया गया था
आवारा
अँधेरे में लगाई उसने
छलाँग
बदहवास

न उसे मालूम
न मुझे
किसी पिछवाड़े में नहीं
कूद बैठी है यह
उनींदी एक स्त्री के दिल में

उन्मत्त कर दिया है इस गऊ ने
बचाने वालों
काटने वालों को
अपने डर से

अब हर हाथ में छुरी
हर हाथ में ज़ोर

ज़रा-सी आँख लगते ही
चाटती है मेरा मुख
सूँघती है अपना दूध
जो मैंने बचपन में पिया

मैं नहीं इसका बच्चा
न इसे बचाने वाली
न मारने वाली

यह सिर्फ़ एक संयोग था
अँधेरे में हुई गफ़लत
कूद बैठी यह गऊ
मेरे भीतर

अब हम दोनों को
कटने का डर है
बचने का डर है

मैं जब तक आई बाहर

मैं जब तक आई बाहर
एकान्त से अपने
बदल चुका था
रंग दुनिया का

अर्थ भाषा का

मंत्र और जप का
ध्यान और प्रार्थना का

कोई बन्द कर गया था
बाहर से
देवताओं की कोठरियाँ

अब वे खुलने में न आती थीं

ताले पड़े थे तमाम शहर के
दिलों पर
होंठों पर

आँखें ढक चुकी थीं
नामालूम झिल्लियों से
सुझाई कुछ पड़ता न था

मैं जब तक आई बाहर
एकान्त से अपने
रंग हो चुका था लाल
आसमान का

यह कोई युद्ध का मैदान था
चले जा रही थी
जिसमें मैं

लाल रोशनी में
शाम में

मैं इतनी देर में आई बाहर
कि योद्धा हो चुके थे
लड़ते-लड़ते
अदृश्य
शहीद

युद्ध भी हो चुका था
अदृश्य
हालाँकि
लड़ा जा रहा था
अब भी
सब ओर

कहाँ पड़ रहा था
मेरा पैर
चीख़ आती थी
किधर से

पता कुछ चलता न था

मैं जब तक आई बाहर
ख़ाली हो चुके थे हमारे हाथ
न कहीं पट्टी
न मरहम

सिर्फ़ एक मंत्र मेरे पास था
वही अब तक याद था

किसी ने मुझे
वह दिया न था
मैंने ख़ुद ही
खोज निकाला था उसे
एक दिन
अपने कंठ की गूँ-गूँ में से

चाहिए थी बस मुझे
तिनका-भर कुशा
जुड़े हुए मेरे हाथ
ध्यान
प्रार्थना

सर्वम शान्ति के लिए

मंत्र का अर्थ मगर अब
वही न था
मंत्र किसी काम का न था

मैं जब तक आई बाहर
एकान्त से अपने

बदल चुका था मर्म
भाषा का